maktab - школа	2
sayohat - путешествие	5
transport - транспорт	8
shahar - город	10
manzara - ландшафт	14
restoran - ресторан	17
supermarket - супермаркет	20
ichimliklar - напитки	22
taom - еда	23
chorvachilik xo'jaligi - ферма	27
uy - дом	31
mehmonxona - гостиная	33
oshxona - кухня	35
vannaxona - ванная комната	38
bolalar xonasi - детская комната	42
kiyim - одежда	44
idora - офис	49
iqtisod - экономика	51
kasblar - профессии	53
asboblar - инструменты	56
musiqa asboblari - музыкальные инструменты	57
hayvonot bog'i - зоопарк	59
sport o'yinlari - спорт	62
mashg'ulot - действия	63
oila - семья	67
tana - тело	68
shifoxona - больница	72
tez yordam - неотложный случай	76
yer - земля	77
soat - часы	79
xafta - неделя	80
yil - год	81
shakllar - формы	83
ranglar - цвета	84
qarama-qarshi ma'noli so'zlar - противоположности	85
raqamlar - цифры	88
tillar - языки	90
kim / nima / qanday - кто / что / как	91
qayerda - где	92

Impressum
Verlag: BABADADA GmbH, Nedderfeld 112 , 22529 Hamburg
Geschäftsführer / Verlagsleitung: Harald Hof
Druck: Books on Demand GmbH, In de Tarpen 42, 22848 Norderstedt

Imprint
Publisher: BABADADA GmbH, Nedderfeld 112 , 22529 Hamburg, Germany
Managing Director / Publishing direction: Harald Hof
Print: Books on Demand GmbH, In de Tarpen 42, 22848 Norderstedt, Germany

maktab
школа

- bo'lmoq — делить
- doska — доска
- sinf — классная комната
- maktab hovlisi — школьный двор
- o'qituvchi — учитель
- qog'oz — бумага
- yozmoq — писать
- ruchka — ручка
- ish stoli — письменный стол
- lineyka — линейка
- kitob — книга
- o'quvchi — ученик

osma sumka — ранец

qalamdon — пенал

qalam — карандаш

qalam uchlagich — точилка

o'chirgich — ластик

rasm albomi — альбом для рисования

chizmachilik
рисунок

bo'yoq cho'tka
кисточка

bo'yoqdon
коробка красок

qaychi
ножницы

yelim
клей

mashg'ulot daftari
тетрадь

uy ishi
домашняя работа

raqam
цифра

qo'shmoq
прибавлять

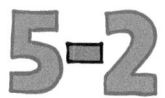
ayirmoq
вычитать

ko'paytirmoq
умножать

sanamoq
считать

xat
буква

alifbo
алфавит

so'z boyligi
слово

maktab - школа

matn
текст

o'qimoq
читать

bo'r
мел

dars
урок

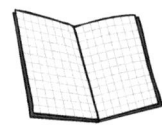
jurnal
классный журнал

imtihon
экзамен

guvohnoma
диплом

maktab formasi
школьная форма

ta'lim
образование

qomus
энциклопедия

oliygoh
университет

mikroskop
микроскоп

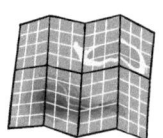
xarita
карта

urna
корзина для бумаг

sayohat
путешествие

mehmonxona
гостиница

sayyohlar yotoqxonasi
турбаза

pul ayirboshlash shahobchasi
пункт обмена валюты

chemodan
чемодан

mashina
автомобиль

til
язык

ha / yo'q
да / нет

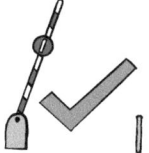

Xo'p
хорошо

salom
Привет

tarjimon
переводчик

Raxmat
Спасибо

necha pul...?

Сколько стоит...?

Tushunmadim

Я не понимаю

muammo

проблема

Xayrli kech!

Добрый вечер!

Xayrli tong!

Доброе утро!

Xayrli tun!

Доброй ночи!

ko'rishguncha

До свидания

yo'nalish

направление

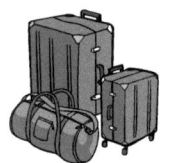

yo'lovchi yuki

багаж

safarxalta

сумка

yuk xalta

рюкзак

mehmon

гость

xona

комната

uyquqop

спальный мешок

palatka

палатка

sayohat - путешествие

sayohlarga ma'lumot berish stoli
туристическая информация

plyaj
пляж

omonat karta
кредитная карточка

nonushta
завтрак

nonushta
обед

kechki ovqat
ужин

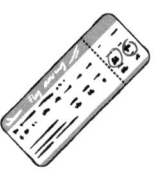

chipta
билет

lift
лифт

marka
почтовая марка

chegara
граница

bojxona
таможня

elchixona
посольство

viza
виза

pasport
паспорт

sayohat - путешествие

transport
транспорт

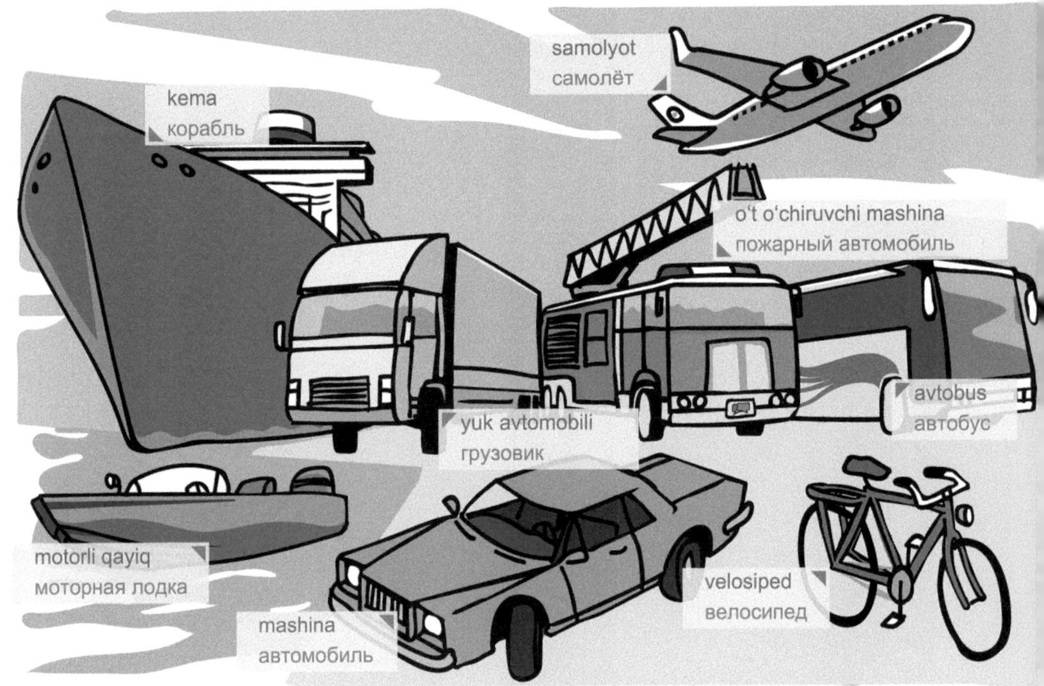

samolyot
самолёт

kema
корабль

o't o'chiruvchi mashina
пожарный автомобиль

avtobus
автобус

yuk avtomobili
грузовик

motorli qayiq
моторная лодка

mashina
автомобиль

velosiped
велосипед

solsimon yassi kema

паром

qayiq

лодка

mototsikl

мотоцикл

posbon mashinasi

полицейский автомобиль

poyga mashinasi

гоночный автомобиль

kiraga olingan avtoulov

арендованный
автомобиль

avtoijara
совместное пользование
автомобилями

shatakka oluvchi yuk avtomobili
буксировочный автомобиль

axlat mashinasi
мусоровоз

motor
двигатель

yoqilg'i
топливо

yoqilg'i quyish shahobchasi
заправка

yo'l belgisi
дорожный знак

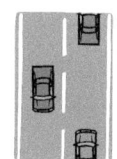
yo'l harakati
движение

tirband
пробка

avtomobil to'xtab turish joyi
автостоянка

poyezd bekati
вокзал

rels
рельсы

poyezd
поезд

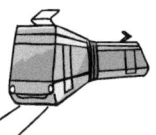
tramvay
трамвай

vagon
вагон

transport - транспорт

vertolyot

вертолёт

aeroport

аэропорт

minora

вышка

yo'lovchi

пассажир

konteyner

контейнер

qog'oz quti

коробка

aravacha

тележка

savat

корзина

uchmoq / qo'nmoq

взлетать / приземляться

shahar

город

qishloq

деревня

shahar markazi

центр города

uy

дом

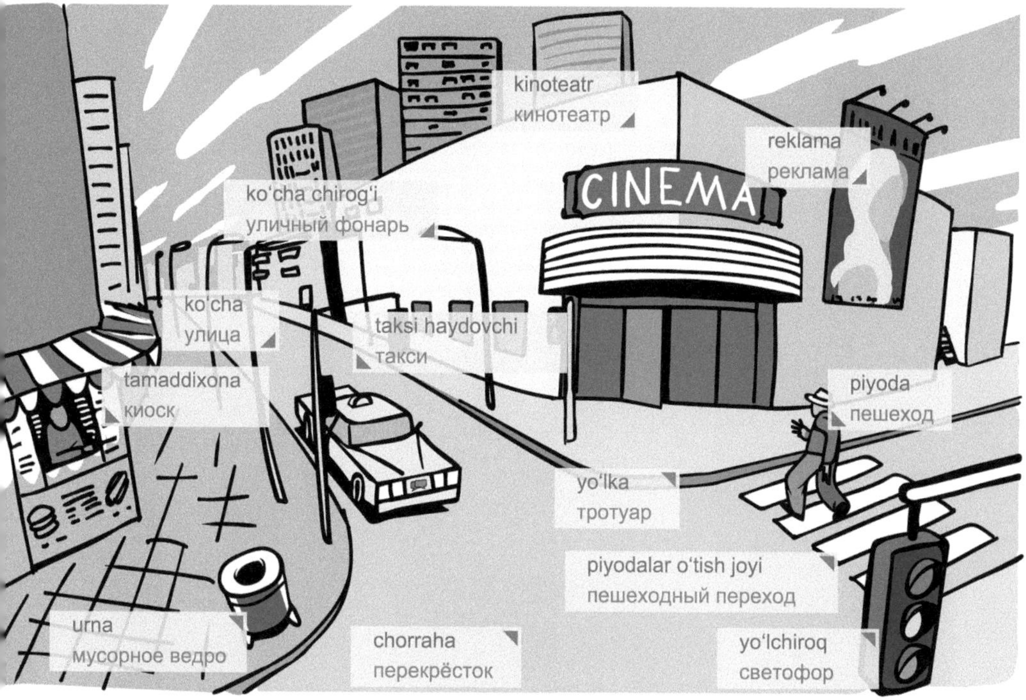

kinoteatr
кинотеатр

reklama
реклама

ko'cha chirog'i
уличный фонарь

ko'cha
улица

taksi haydovchi
такси

tamaddixona
киоск

piyoda
пешеход

yo'lka
тротуар

piyodalar o'tish joyi
пешеходный переход

urna
мусорное ведро

chorraha
перекрёсток

yo'lchiroq
светофор

kulba
хижина

kvartira
квартира

poyezd bekati
вокзал

mahalliy hokimiyat binosi
ратуша

muzey
музей

maktab
школа

shahar - город

oliygoh
университет

bank
банк

shifoxona
больница

mehmonxona
гостиница

dorixona
аптека

idora
офис

kitob do'koni
книжный магазин

do'kon
магазин

gul do'koni
цветочный магазин

supermarket
супермаркет

bozor
рынок

univermag
универмаг

baliq do'koni
торговец рыбой

savdo markazi
торговый центр

bandargoh
порт

istirohat bog'i
парк

bank
скамейка

ko'prik
мост

zinapoya
лестница

metro
метро

yer osti yo'li
тоннель

avtobus bekati
автобусная остановка

bar
бар

restoran
ресторан

pochta qutisi
почтовый ящик

ko'cha yozuv osma taxtasi
табличка с названием улицы

to'xtab turish vaqtini hisoblagach
паркометр

hayvonot bog'i
зоопарк

basseyn
бассейн

masjid
мечеть

shahar - город

chorvachilik xoʻjaligi
ферма

atrof-muhit ifloslanishi
загрязнение окружающей среды

qabriston
кладбище

ibodatxona
церковь

bolalar oʻyingohi
детская площадка

ehrom
храм

manzara
ландшафт

- yaproq — лист
- yoʻlkoʻrsatgich — дорожный указатель
- yoʻl — дорога
- oʻtloq — луг
- tosh — камень
- daraxt — дерево
- sayyoh — путешественник
- daryo — река
- maysa — трава
- gul — цветок

vodiy долина	qir гора	ko'l озеро
	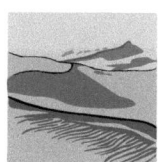	
o'rmon лес	cho'l пустыня	vulkan вулкан

qal'a замок	kamalak радуга	qo'ziqorin гриб

palma daraxti пальма	pashsha комар	chivin муха

chumoli муравей	asalari пчела	o'rgimchak паук

manzara - ландшафт

qo'ng'iz

жук

qurbaqa

лягушка

olmaxon

белка

tipratikon

еж

quyon

заяц

ukki

сова

qush

птица

oqqush

лебедь

erkak cho'chqa

кабан

bug'u

олень

butoq shohli kiyik

лось

to'g'on

плотина

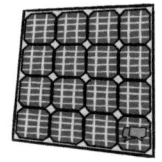

shamol generatori

ветряной генератор

quyosh batareyasi

солнечная батарея

iqlim

климат

manzara - ландшафт

restoran
ресторан

ofitsiant
официант

taomnoma
меню

stul
стул

pitstsa
пицца

sho'rva
суп

dasturxon
скатерть

oshxona anjomlari
столовые приборы

gazak
закуска

asosiy taom
главное блюдо

desert
десерт

ichimliklar
напитки

taom
еда

butilka
бутылка

tez pishar taom

фастфуд

ko'cha taomi

уличная еда

choynak

чайник

shakardon

сахарница

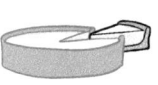

portsiya

порция

espresso kofe mashinasi

кофеварка

bolalar kursichasi

детский стульчик

hisob

счет

lagan

поднос

pichoq

нож

sanchqi

вилка

qoshiq

ложка

choy qoshiq

чайная ложка

qo'l sochiq

салфетка

stakan

стакан

restoran - ресторан

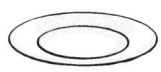  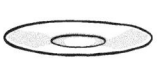

likop — тарелка

sho'rva kosa — суповая тарелка

taqsimcha — блюдце

qayla — соус

tuzdon — солонка

qalampir yanchgich — мельница для перца

  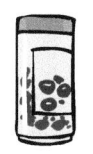 

sirka — уксус

yog' — масло

ziravorlar — специи

ketchup — кетчуп

xantal — горчица

mayonez — майонез

supermarket
супермаркет

chegirma
специальное предложение

mijoz
покупатель

sut mahsulotlari
молочные продукты

meva
фрукты

xarid aravasi
тележка для покупок

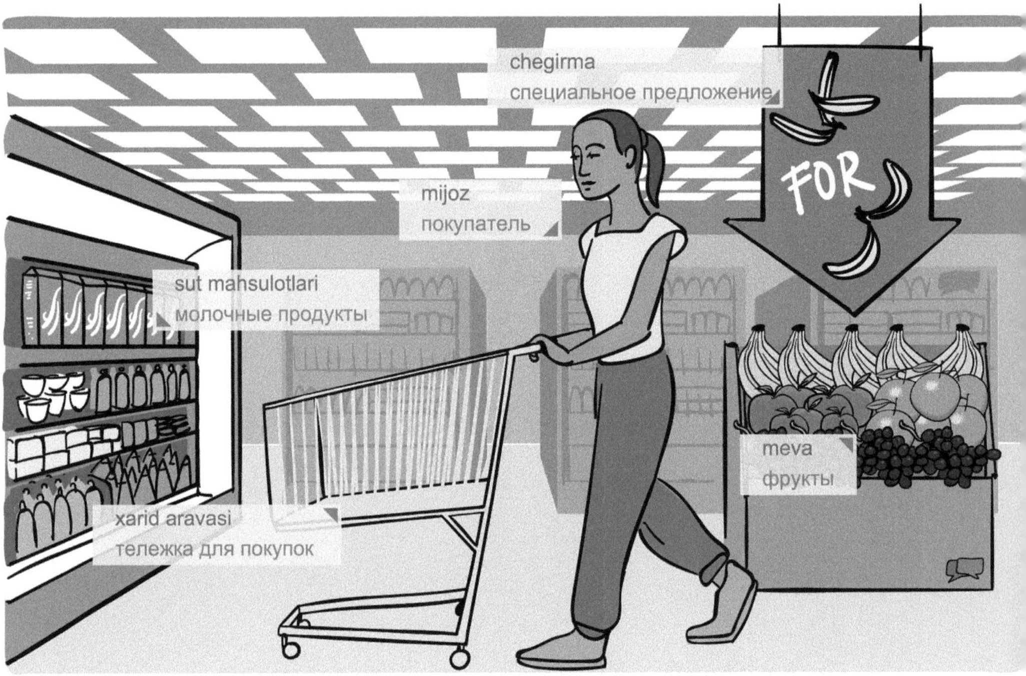

qassobxona

мясной магазин

nonvoyxona

пекарня

tarozida o'lchamoq

взвешивать

sabzavot

овощи

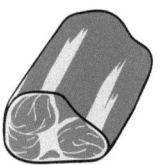

go'sht

мясо

muzlatilgan taomlar

быстрозамороженные продукты

supermarket - супермаркет

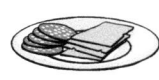

yaxna go'sht

нарезка

konserva

консервы

kir yuvish vositasi

стиральный порошок

shirinliklar

сладости

kundalik iste'mol taomlari

предмет домашнего обихода

yuvish vositalari

моющее средство

sotuvchi

продавщица

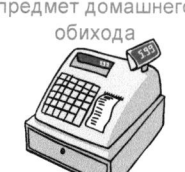

kassa

касса

kassachi

кассир

xarid ro'yxati

список покупок

ish vaqti

время работы

hamyon

бумажник

omonat karta

кредитная карточка

xalta

сумка

tsellofan xalta

полиэтиленовый пакет

supermarket - супермаркет

ichimliklar
напитки

suv

вода

sharbat

сок

sut

молоко

koka-kola

кока-кола

vino

вино

pivo

пиво

spirtli ichimlik

алкоголь

kakao

какао

choy

чай

kofe

кофе

espresso

эспрессо

kapuchino

капучино

taom
еда

banan
банан

olmaxon
яблоко

apelsin
апельсин

qovun
арбуз

limon
лимон

sabzi
морковь

sarimsoq
чеснок

bambuk
бамбук

piyoz
лук

qo'ziqorin
гриб

yong'oq
орехи

lag'mon
лапша

spagetti
спагетти

guruch
рис

salat
салат

kartoshka-fri
картофель фри

qovurilgan kartoshka
жареный картофель

pitstsa
пицца

gamburger
гамбургер

sendvich
сэндвич

to'qmoqlangan to'sh qiymasi
шницель

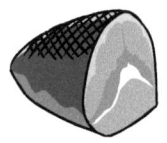
dudlangan cho'chqa go'shti
ветчина

salyami kolbasasi
салями

sosiska
колбаса

tovuq go'shti
курица

qovurilgan
жаркое

baliq
рыба

taom - еда

suli boʻtqasi	myusli	makkajoʻxori yormasi
овсяные хлопья	мюсли	кукурузные хлопья

un	frantsuz bulochkasi	bulochka
мука	круассан	булочка

non	qizartirilgan non burdasi	pishiriq
хлеб	тост	печенье

sariyogʻ	tvorog	pirog
масло	творог	пирог

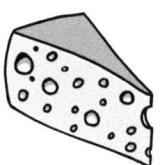

tuxum	qovurilgan tuxum	pishloq
яйцо	яичница	сыр

taom - еда

| muzqaymoq | shakar | asal |
| мороженое | сахар | мёд |

| murabbo | shokolad pastasi | zarchava |
| мармелад | крем с нугой | карри |

taom - еда

chorvachilik xoʻjaligi
ферма

dehqon uyi
крестьянский дом

pichanxona
сарай

poxol tuguni
тюк из соломы

dala
поле

ot
лошадь

tirkama
прицеп

qulun
жеребёнок

traktor
трактор

eshak
осёл

qoʻzi
ягнёнок

qoʻy
овца

echki
коза

sigir
корова

buzoq
телёнок

choʻchqa
свинья

choʻchqa bolasi
поросёнок

buqa
бык

g'oz
гусь

o'rdak
утка

jo'ja
цыплёнок

tovuq
курица

xo'roz
петух

kalamush
крыса

mushuk
кошка

sichqon
мышь

ho'kiz
вол

it
собака

katalak
конура

hovli bog' shlangi
садовый шланг

gulchelak
лейка

belo'roq
коса

temir omoch
плуг

chorvachilik xo'jaligi - ферма

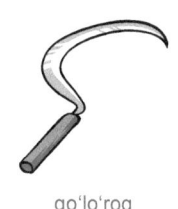

qoʻloʻroq
серп

chopqi
мотыга

panshaxa
навозные вилы

bolta
топор

gʻaltakarava
тачка

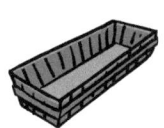

oxur
корыто

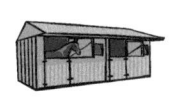

sut bidoni
бидон для молока

toʻrva
мешок

panjara
забор

ogʻilxona
хлев

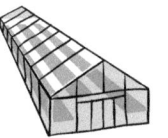

issiqxona
теплица

tuproq
почва

urugʻ
посев

og'it
удобрение

kombayn
комбайн

hosil olmoq

собирать урожай

yig'im-terim

урожай

yams

ямс

bug'doy

пшеница

soya

соя

kartoshka

картофель

makkajo'xori

кукуруза

raps urug'i

рапс

mevali daraxt

фруктовое дерево

maniok

маниок

yorma

злаки

chorvachilik xo'jaligi - ферма

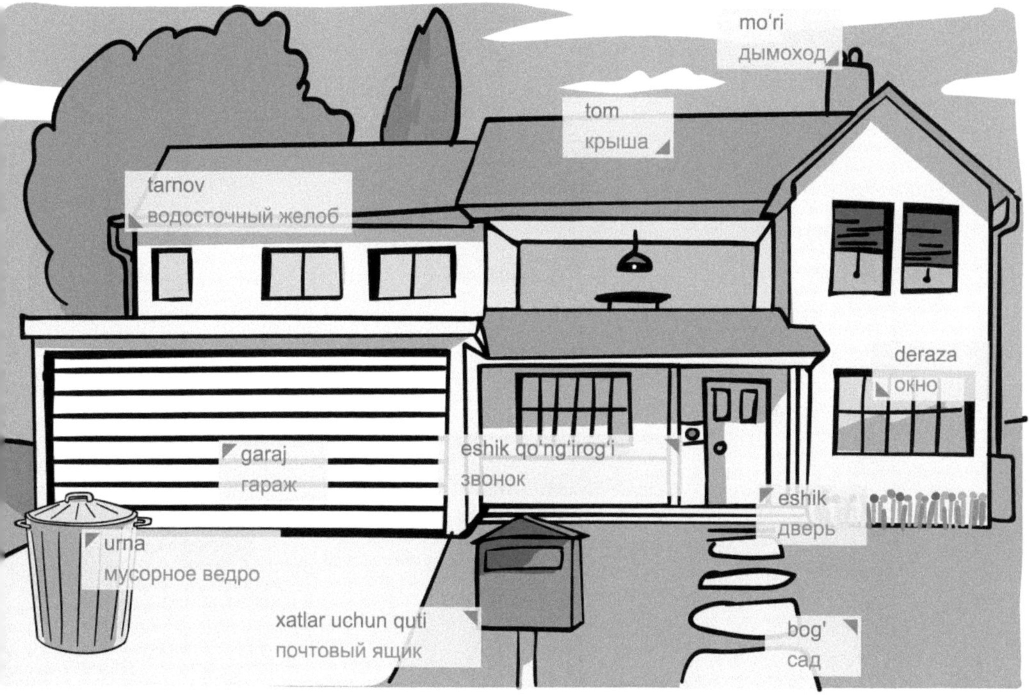

uy
дом

mo'ri
дымоход

tom
крыша

tarnov
водосточный желоб

deraza
окно

garaj
гараж

eshik qo'ng'irog'i
звонок

eshik
дверь

urna
мусорное ведро

xatlar uchun quti
почтовый ящик

bog'
сад

mehmonxona
гостиная

vannaxona
ванная комната

oshxona
кухня

yotoqxona
спальня

bolalar xonasi
детская комната

oshxona
столовая

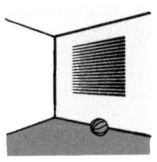
pol
пол

devor
стена

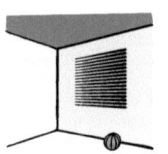
ship
потолок

podval
подвал

sauna
сауна

balkon
балкон

ayvon
терраса

basseyn
бассейн

o'tto'rgich mashina
газонокосилка

ko'rpajild
пододеяльник

choyshab
покрывало

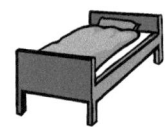
krovat
кровать

supurgi
метла

paqir
ведро

murvat
выключатель

uy - дом

mehmonxona
гостиная

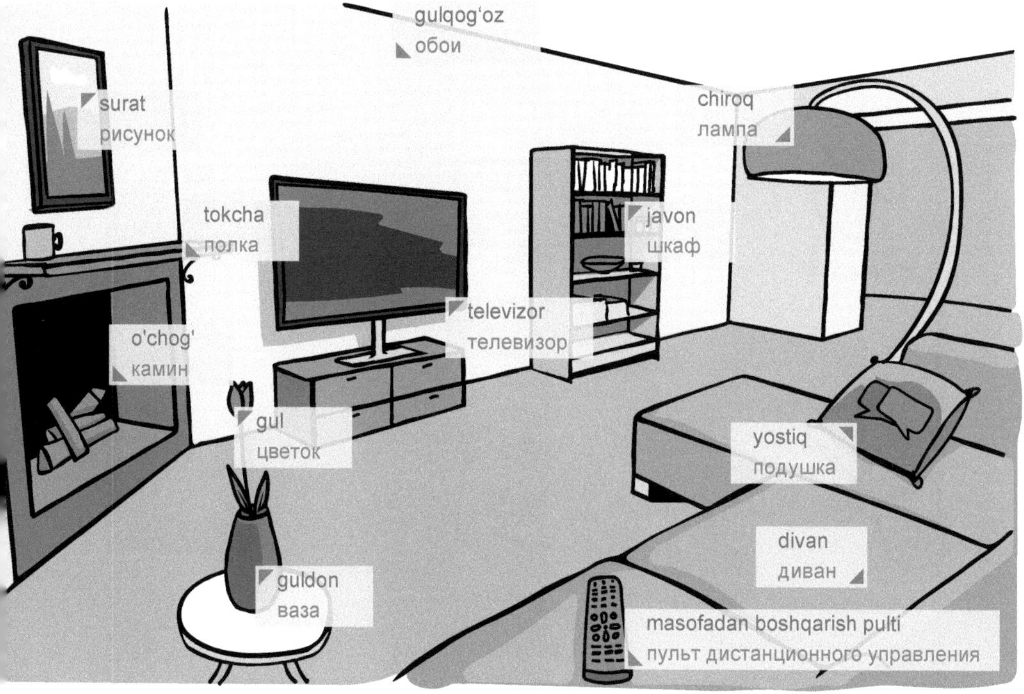

- gulqog'oz / обои
- surat / рисунок
- chiroq / лампа
- tokcha / полка
- javon / шкаф
- o'choq' / камин
- televizor / телевизор
- gul / цветок
- yostiq / подушка
- guldon / ваза
- divan / диван
- masofadan boshqarish pulti / пульт дистанционного управления

gilam
ковёр

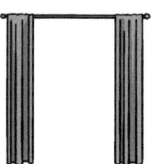

parda
штора

stol
стол

stul
стул

tebranma kursi
кресло-качалка

kreslo
кресло

mehmonxona - гостиная

kitob
книга

ko'rpa
покрывало

hasham
украшение

o'tin
дрова

kino
фильм

stereo qurilma
стереосистема

kalit
ключ

gazeta
газета

rasm
картина

plakat
плакат

radio
радио

yon daftar
блокнот

chang yutgich
пылесос

kaktus
кактус

sham
свеча

mehmonxona - гостиная

oshxona
кухня

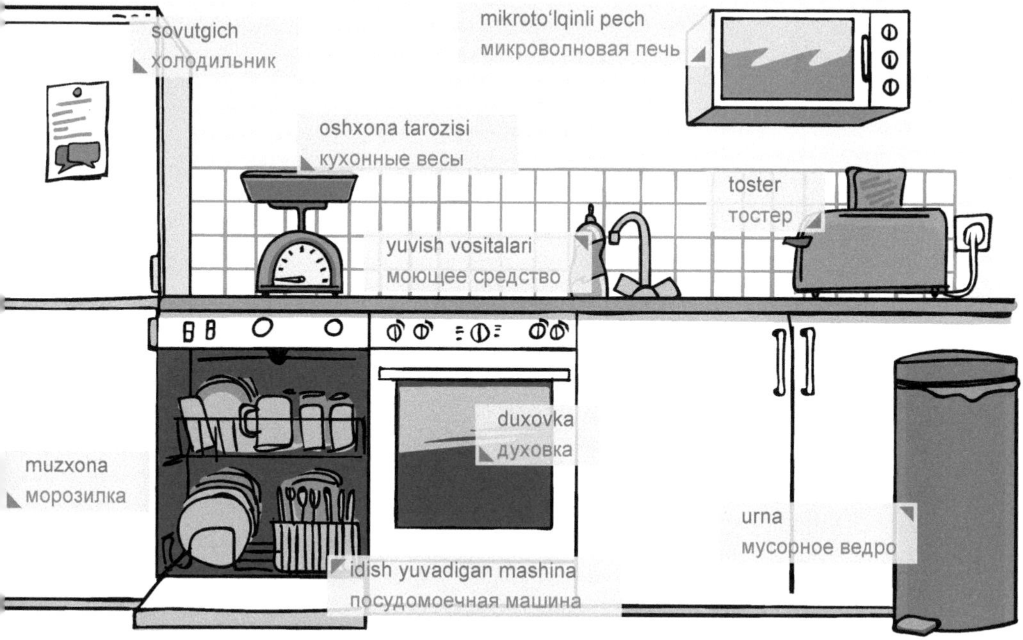

- sovutgich / холодильник
- mikroto'lqinli pech / микроволновая печь
- oshxona tarozisi / кухонные весы
- yuvish vositalari / моющее средство
- toster / тостер
- duxovka / духовка
- muzxona / морозилка
- urna / мусорное ведро
- idish yuvadigan mashina / посудомоечная машина

plita
плита

kastryul
кастрюля

cho'yan qozon
чугунный котелок

bo'rtma tubli tova
вок / кадай

tova
сковорода

chovgun
чайник

mantiqasqon

пароварка

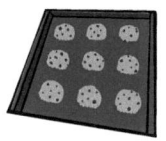

tunuka tova

противень

chinni idish

посуда

krushka

кружка

kosa

миска

taom yeyish tayoqchalari

палочки для еды

choʻmich

половник

kurakcha

лопатка

koʻpirtirgich

сбивалка

chovli

сито

elak

сито

qirgʻich

тёрка

hovoncha

ступка

gril

гриль

olov

костёр

oshxona - кухня

oshtaxta
доска

juva
скалка

parmasimon tiqin ochgich
штопор

konserva
жестяная банка

konserva ochgich
консервный нож

tutgich
прихватка

unitaz
раковина

idish choʻtka
щетка

qozonsochiq
губка

qorishtirgich
миксер

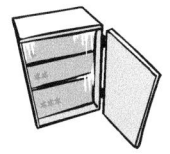

muzlatgich
морозильная камера

soʻrgʻichli chaqaloq butilkasi

бутылочка для кормления

kran
кран

oshxona - кухня

vannaxona
ванная комната

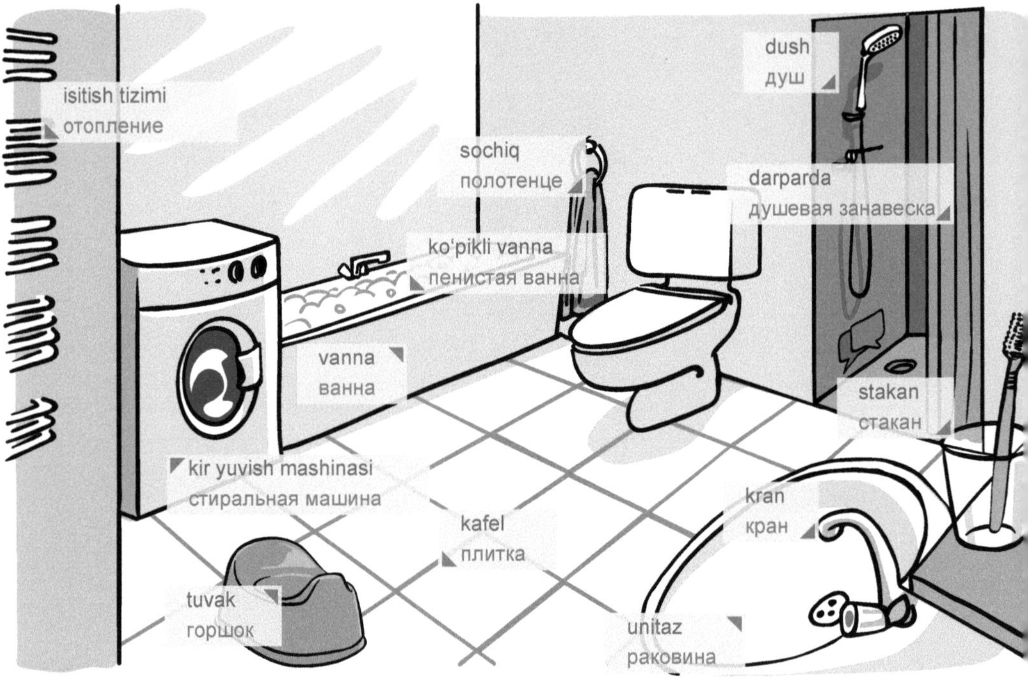

- dush / душ
- isitish tizimi / отопление
- sochiq / полотенце
- darparda / душевая занавеска
- ko'pikli vanna / пенистая ванна
- vanna / ванна
- stakan / стакан
- kir yuvish mashinasi / стиральная машина
- kafel / плитка
- kran / кран
- tuvak / горшок
- unitaz / раковина

hojatxona

туалет

polga o'rnatiladigan unitaz

напольный унитаз

tahoratdon

биде

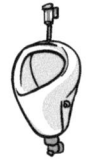

siydik unitazi

писсуар

hojatxona qog'ozi

туалетная бумага

hojatxona cho'tkasi

ершик

tish cho'tka

зубная щетка

tish pastasi

зубная паста

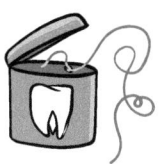

tish tozalagich ip

зубная нить

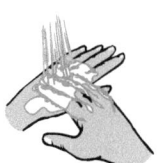

yuvmoq

мыть

dastakli dush

ручной душ

tahorat uchun dush

интимный душ

tog'ora

таз

yelka qashlaydigan cho'tka

щетка для спины

sovun

мыло

dush uchun gel

гель для душа

shampun

шампунь

mochalka

мочалка

quvur

сток

krem

крем

dezodorant

дезодорант

vannaxona - ванная комната

ku'zgu
зеркало

qo'l ku'zgusi
ручное зеркало

ustara
бритва

ustara uchun ko'pik
пена для бритья

salqinlantiruvchi balzam
лосьон после бритья

taroq
расческа

cho'tka
щетка

fen
фен

soch uchun lak
лак для волос

pardoz-andoz
косметика

lab uchun pomada
губная помада

tirnoq laki
лак для ногтей

paxta
вата

tirnoq qaychisi
маникюрные ножницы

atir
духи

vannaxona - ванная комната

pardoz-andoz xaltasi
косметичка

kursi
табуретка

tarozi
весы

cho'milish xalati
халат

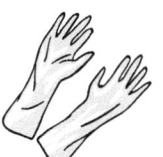
rezina qo'lqop
резиновые перчатки

tampon
тампон

gigiyenik taglik
гигиеническая прокладка

biohojatxona
биотуалет

vannaxona - ванная комната

bolalar xonasi

детская комната

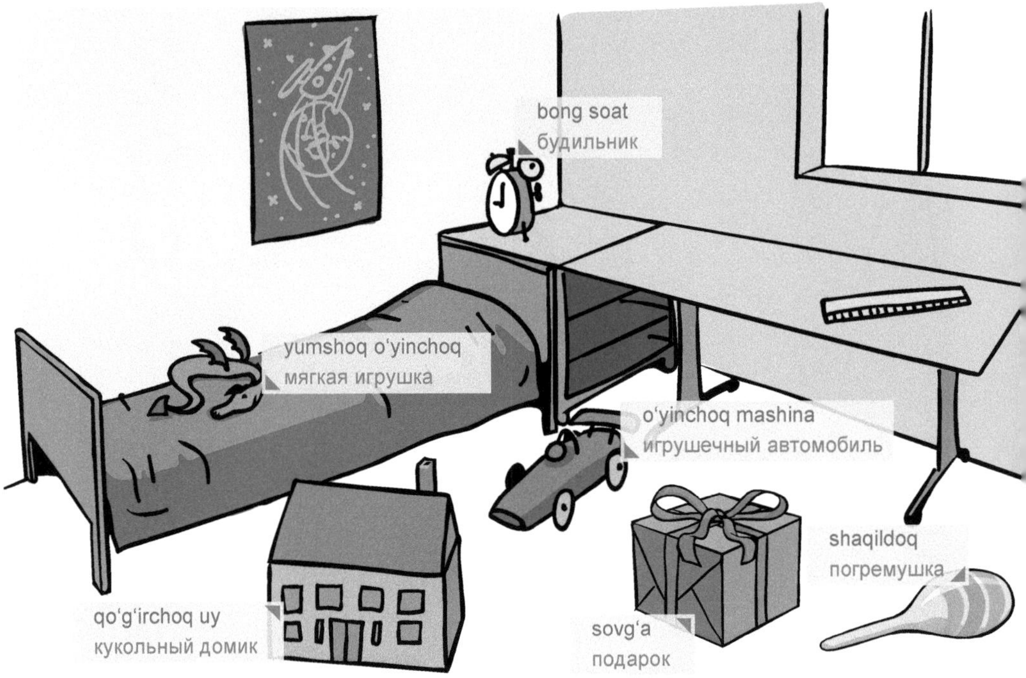

bong soat
будильник
yumshoq o'yinchoq
мягкая игрушка
o'yinchoq mashina
игрушечный автомобиль
shaqildoq
погремушка
qo'g'irchoq uy
кукольный домик
sovg'a
подарок

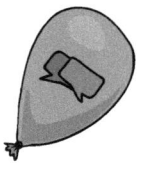

shar

воздушный шар

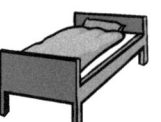

krovat

кровать

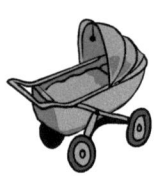

bolalar aravachasi

детская коляска

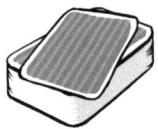

karta to'plami

карточная игра

terma tasvir

пазл

SUPER MEGA

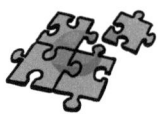

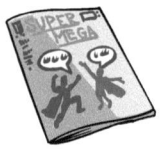

kulgili sahna asari

комикс

lego g'ishtlari
кирпичики Лего

o'yinchoq kubiklar
кубики

o'yinchoq qahramon
игрушечная фигурка

polzunka
ползунки

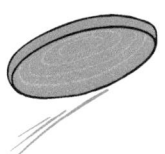
uchar likopcha
фрисби

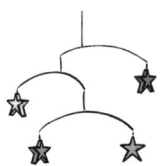
osma shaqildoq
мобиле

stol o'yini
настольная игра

oshiq
кубик

poyezd maketi
модель железной дороги

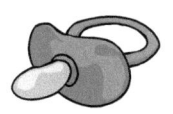
so'rg'ich
соска

o'tirish
вечеринка

rasmli kitob
книга с картинками

koptok
мяч

qo'g'irchoq
кукла

o'ynamoq
играть

bolalar xonasi - детская комната

qumdon

песочница

arg'imchoq

качели

o'yinchoqlar

игрушка

o'yin pristavkasi

игровая приставка

uch g'ildirakli velosiped

трёхколесный велосипед

baxmal ayiq

плюшевый медвежонок

kiyim shkafi

шкаф для одежды

kiyim
одежда

paypoq

носки

chulki

чулки

kolgotka

колготки

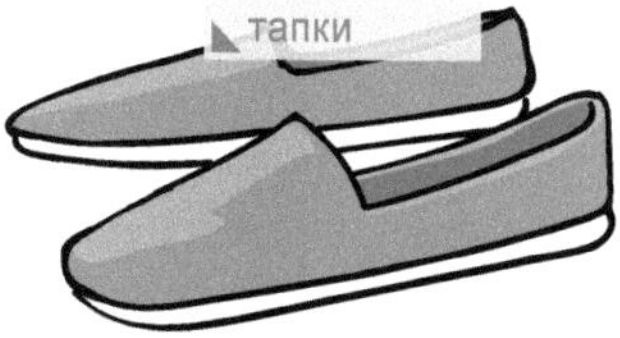

sharf — шарф

soyabon — зонтик

futbolka — футболка

kamar — ремень

botinka — сапоги

tapochka — тапки

krossovka — кроссовки

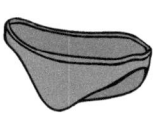

shippak

сандалии

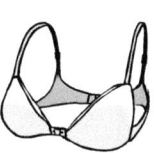

tufli

ботинки

rezina etik

резиновые сапоги

tor tursik

трусы

ko'krakpech

бюстгальтер

mayka

майка

kiyim - одежда

bodi
боди

ishton
брюки

jinsi
джинсы

yubka
юбка

kofta
блузка

ko'ylak
рубашка

jemper
свитер

uzun chakmon
свитер

sport bichimidagi pidjak
спортивная куртка

kurtka
жакет

palto
пальто

plash
плащ

libos
костюм

ko'ylak
платье

kelin ko'ylak
свадебное платье

kiyim - одежда

kostyum shim

мужской костюм

tungi ko'ylak

ночная сорочка

pijama

пижама

sari

сари

sholro'mol

платок

salla

тюрбан

paranji

паранджа

chakmon

кафтан

abaya

абайя

cho'milish kostyumi

купальник

tursik

плавки

shortik

шорты

sport kostyumi

спортивный костюм

fartuk

фартук

qo'lqop

перчатки

tugma — пуговица
ko'zoynak — очки
bilaguzuk — браслет

munchoq — цепочка
uzuk — кольцо
sirg'a — серьга

kepka — шапка
palto ilgak — вешалка
shlyapa — шляпа

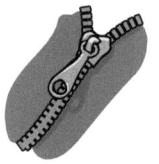

bo'yinbog' — галстук
zamok — застежка молния
dubulg'a — шлем

shim tortgich — подтяжки
maktab formasi — школьная форма
forma — форма

oshxo'rak

детский нагрудник

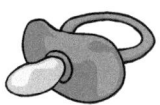

so'rg'ich

соска

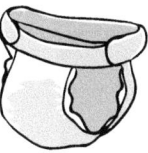

taglik

подгузник

idora
офис

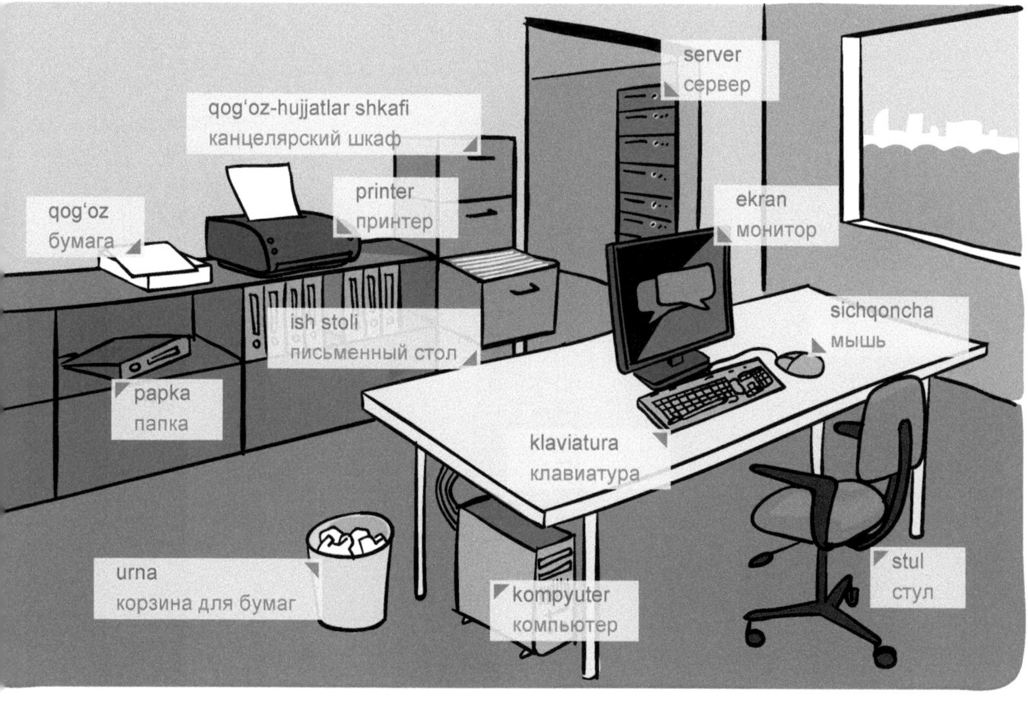

qog'oz-hujjatlar shkafi
канцелярский шкаф

server
сервер

qog'oz
бумага

printer
принтер

ekran
монитор

ish stoli
письменный стол

sichqoncha
мышь

papka
папка

klaviatura
клавиатура

urna
корзина для бумаг

stul
стул

kompyuter
компьютер

kofe krujkasi

кофейная кружка

kalkulyator

калькулятор

internet

интернет

noutbuk

ноутбук

xat

письмо

maktub

сообщение

uyali telefon

мобильный телефон

tarmoq

сеть

nusxa ko'chirgich

ксерокс

dastur

программа

telefon

телефон

rozetka

розетка

faks

факс

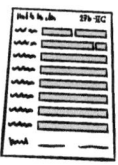

shakllar

формуляр

hujjat

документ

idora - офис

iqtisod
экономика

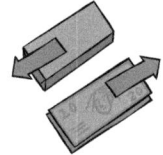

xarid qilmoq

покупать

to'lamoq

платить

savdolashmoq

торговать

pul

деньги

dollar

доллар

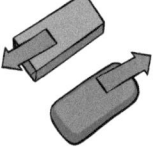

yevro

евро

yyen

иена

rubl

рубль

shvetsar franki

франк

Jenminbi xitoy yuani

жэньминьби юань

rupi

рупия

bankomat

банкомат

pul ayirboshlash shahobchasi
пункт обмена валюты

oltin
золото

kumush
серебро

neft
нефть

energiya
энергия

narx
цена

shartnoma
договор

soliq
налог

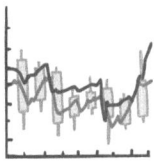
aktsiya
акция

ishlamoq
работать

ishchi
служащий

ish beruvchi
работодатель

zavod
фабрика

do'kon
магазин

iqtisod - экономика

kasblar
профессии

politsiyachi — милиционер
o't o'chiruvchi — пожарный
uchuvchi — пилот
shifokor — врач
oshpaz — повар

bog'bon

садовник

duradgor

столяр

tikuvchi

швея

hakam

судья

kimyogar

химик

aktyor

актёр

avtobus haydovchi

водитель автобуса

taksi haydovchisi

таксист

baliq ovlovchi

рыбак

farrosh

уборщица

tom ustasi

кровельщик

ofitsiant

официант

ovchi

охотник

bo'yoqchi

художник

nonvoyxona

пекарь

elektr ustasi

электрик

quruvchi

строитель

muhandis

инженер

qassob

мясник

suvchi chilangar

сантехник

pochtachi

почтальон

askar

солдат

me'mor

архитектор

kassachi

кассир

gulchi

флорист

sartarosh

парикмахер

chiptachi

кондуктор

mexanik

механик

kapitan

капитан

tish shifokori

зубной врач

olim

ученый

yaxudiylar ruhoniysi

раввин

imom

имам

rohib

монах

ruhiniy

священник

kasblar - профессии

asboblar
инструменты

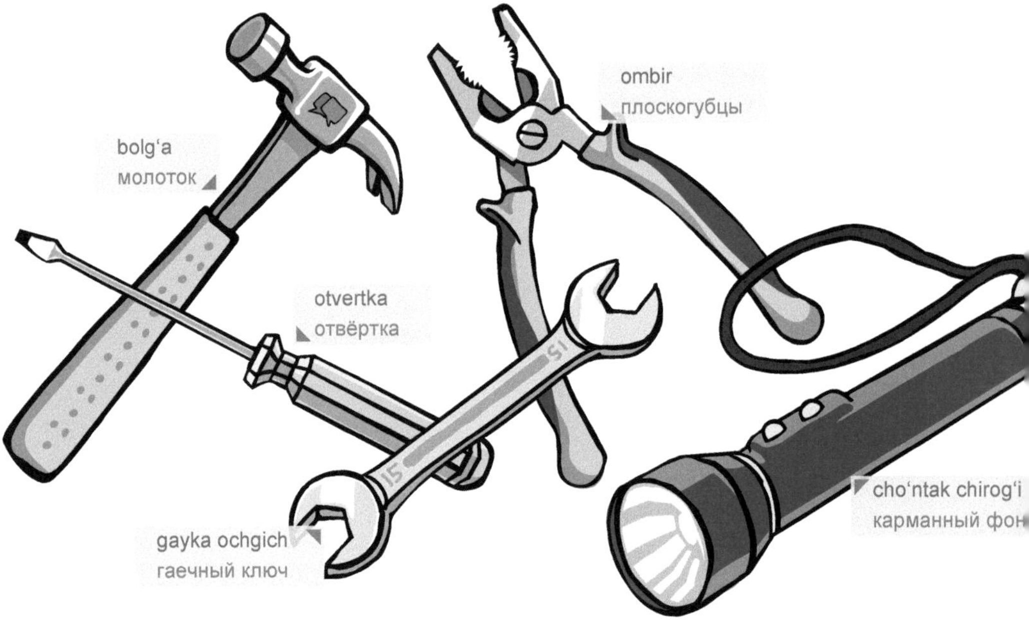

bolgʻa
молоток

ombir
плоскогубцы

otvertka
отвёртка

gayka ochgich
гаечный ключ

choʻntak chirogʻi
карманный фон

ekskavator
экскаватор

asboblar qutisi
ящик для инструментов

narvon
стремянка

qoʻlarra
пила

mix
гвозди

parmadasta
дрель

tuzatmoq
ремонтировать

belkurak
лопата

Jin ursin!
Блин!

xokandoz
совок

bo'yoq idish
ведро с краской

burama mix
винты

musiqa asboblari
музыкальные инструменты

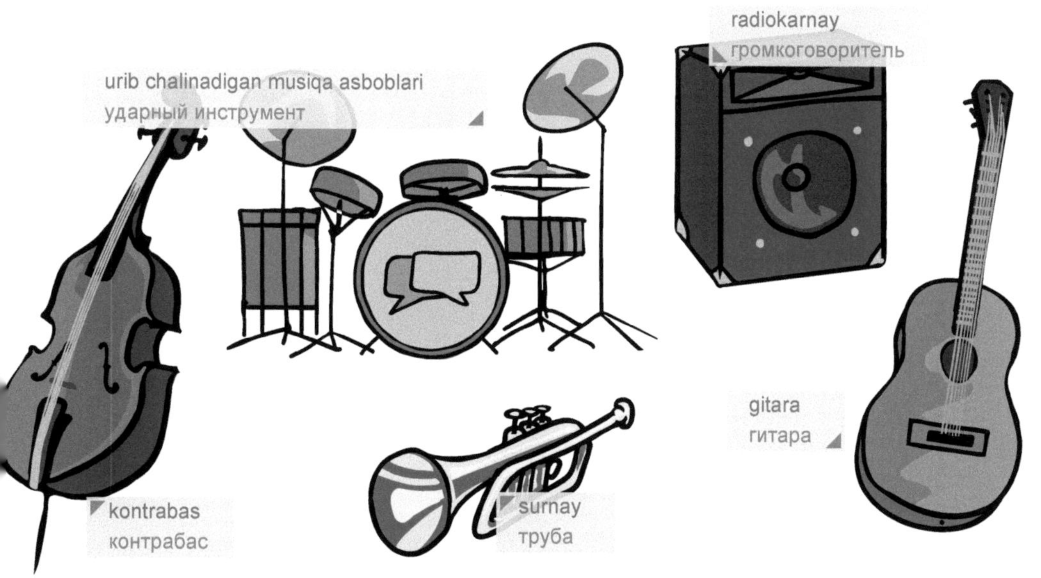

urib chalinadigan musiqa asboblari
ударный инструмент

radiokarnay
громкоговоритель

gitara
гитара

kontrabas
контрабас

surnay
труба

pianino

пианино

g'ijjak

скрипка

bas-gitara

бас-гитара

qo'shnog'ora

литавры

do'mbira

барабан

klaviatura

синтезатор

saksofon

саксофон

nay

флейта

mikrofon

микрофон

musiqa asboblari - музыкальные инструменты

hayvonot bog'i
зоопарк

arslon / тигр
qafas / клетка
zebra / зебра
kirish / вход
yem / корм
panda / панда

hayvonlar
животные

fil
слон

kenguru
кенгуру

karkidon
носорог

gorilla
горилла

ayiq
медведь

tuya
верблюд

tuyaqush
страус

sher
лев

maymun
обезьяна

qizil g'oz
фламинго

to'ti
попугай

oq ayiq
белый медведь

pingvin
пингвин

akula
акула

tovus
павлин

ilon
змея

timsoh
крокодил

hayvonot bog'i qorovuli
служитель зоопарка

tyulen
тюлень

yaguar
ягуар

to'pichoq ot

пони

qoplon

леопард

begemot

бегемот

jirafa

жираф

burgut

орёл

erkak cho'chqa

кабан

baliq

рыба

toshbaqa

черепаха

morj

морж

tulki

лиса

ohu

газель

sport o'yinlari
спорт

mashg'ulot
действия

- sakramoq — прыгать
- quchmoq — обнимать
- kulmoq — смеяться
- yurmoq — идти
- kuylamoq — петь
- hayol qilmoq — мечтать
- ibodat qilmoq — молиться
- o'pmoq — целовать

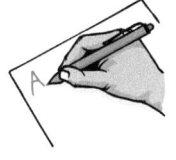

yozmoq

писать

chizmoq

рисовать

ko'rsatmoq

показывать

itarmoq

нажимать

bermoq

давать

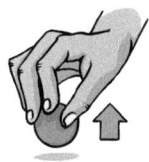

olmoq

брать

ega bo'lmoq
иметь

bajarmoq
делать

bo'lmoq
быть

turmoq
стоять

yugurmoq
бежать

tortmoq
тянуть

uloqtirmoq
бросать

yiqilmoq
падать

aldamoq
лежать

kutmoq
ждать

tashimoq
носить

o'tirmoq
сидеть

kiyinmoq
надевать

uxlamoq
спать

uyg'onmoq
просыпаться

qaramoq
рассматривать

yig'lamoq
плакать

zarba bermoq
гладить

taramoq
причесывать

gaplashmoq
говорить

tushunmoq
понимать

so'ramoq
спрашивать

tinglamoq
слушать

ichmoq
пить

yemoq
кушать

yig'ishtirmoq
наводить порядок

sevmoq
любить

pishirmoq
готовить

haydamoq
ехать

uchmoq
летать

mashg'ulot - действия

kemada suzmoq
ходить под парусом

sanamoq
считать

oʻqimoq
читать

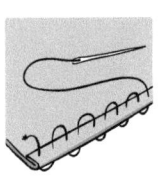
oʻrganmoq
учиться

ishlamoq
работать

turmush qurmoq
вступать в брак

tikmoq
шить

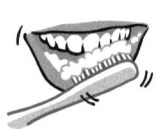
tish yuvmoq
чистить зубы

oʻldirmoq
убивать

chekmoq
курить

yoʻllamoq
отправлять

oila
семья

buvi
бабушка

buva
дедушка

ota
папа

ona
мама

chaqaloq
младенец

qiz
дочь

o'g'il
сын

mehmon

гость

amma

тетя

tog'a

дядя

aka

брат

opa

сестра

tana
тело

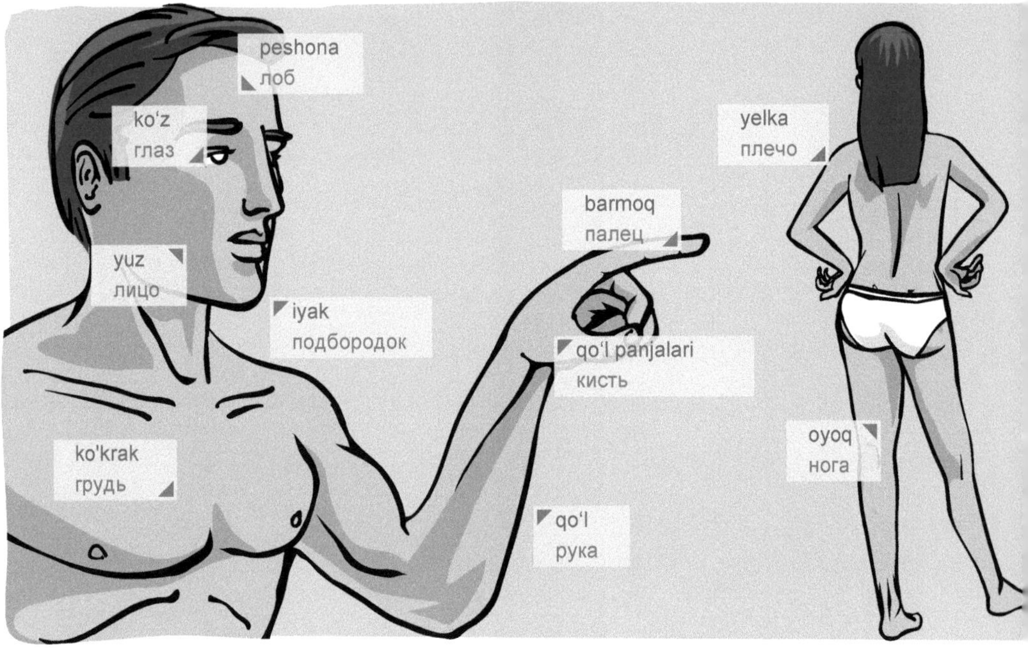

peshona — лоб
ko'z — глаз
yuz — лицо
iyak — подбородок
ko'krak — грудь
barmoq — палец
qo'l panjalari — кисть
qo'l — рука
yelka — плечо
oyoq — нога

chaqaloq

младенец

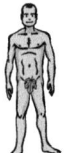

odam

мужчина

ayol

женщина

qiz bola

девочка

o'g'il bola

мальчик

bosh

голова

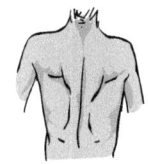
orqa
спина

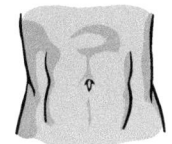
qorin
живот

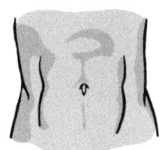
kindik
пупок

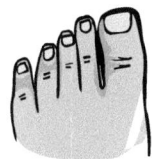
oyoq barmoqlari
палец ноги

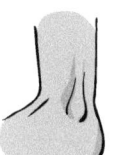
tovon
пятка

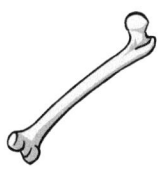
suyak
кость

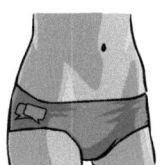
bel
бедро

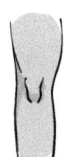
tizza
колено

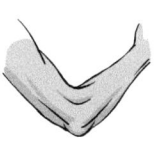
tirsak
локоть

burun
нос

dumba
ягодицы

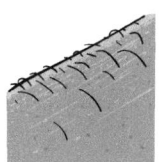
teri
кожа

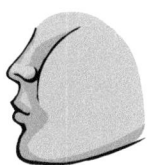
yanoq
щека

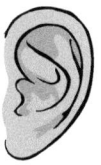
quloq
ухо

lab
губа

og'iz
рот

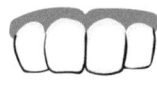
tish
зуб

til
язык

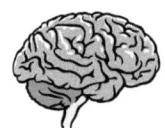
miya
мозг

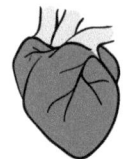
yurak
сердце

mushak
мышца

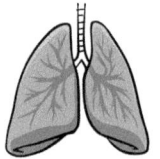
o'pka
лёгкое

jigar
печень

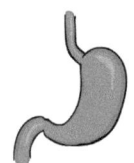
oshqozon
желудок

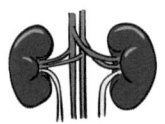
buyrak
почки

jinsiy aloqa
половой акт

prezervativ
презерватив

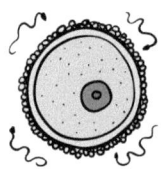
tuxum ho'jayra
яйцеклетка

urug'
сперма

homiladorlik
беременность

tana - тело

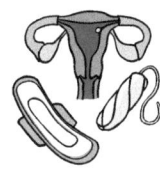
hayz
менструация

bachadon
вагина

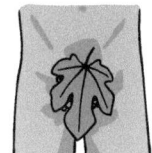
olat
пенис

qosh
бровь

soch
волосы

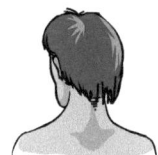
bo'yin
шея

shifoxona
больница

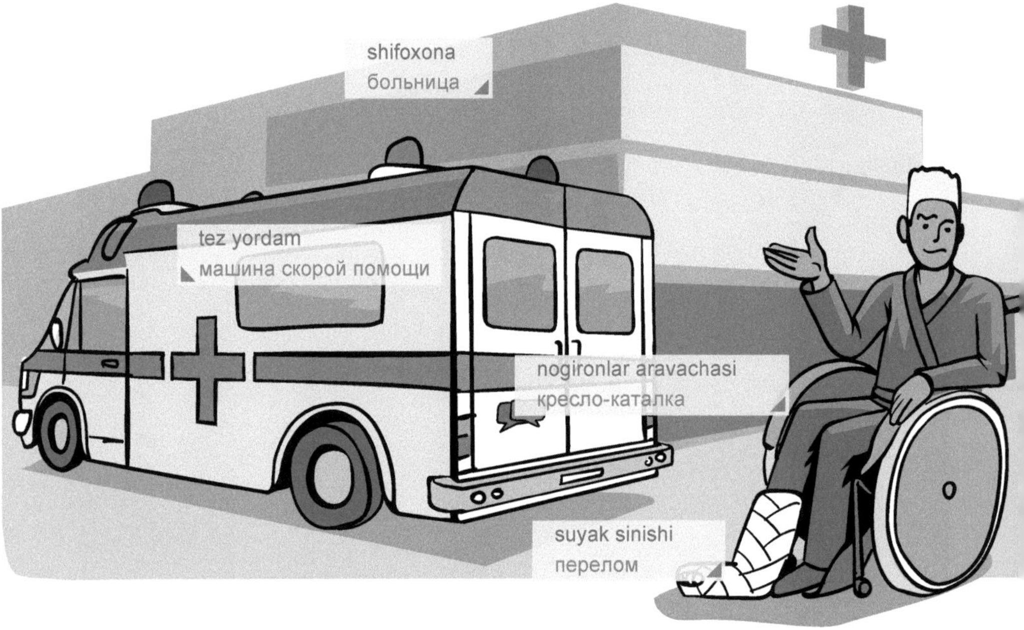

shifoxona
больница

tez yordam
машина скорой помощи

nogironlar aravachasi
кресло-каталка

suyak sinishi
перелом

shifokor

врач

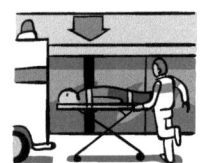

Shoshilich tibbiy yordam ko'rsatish bo'limi

пункт первой помощи

hamshira

медсестра

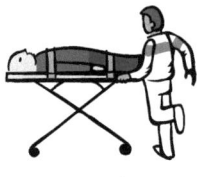

tez yordam

неотложный случай

hushsizlik

без сознания

og'riq

боль

jarohat
повреждение

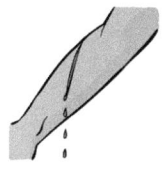
qonash
кровотечение

yurak xuruji
инфаркт

insulьt
инсульт

allergiya
аллергия

yo'tal
кашель

isitma
повышенная температура

tumov
грипп

ichburug'
понос

bosh og'rig'i
головная боль

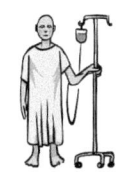
saraton kasalligi
рак

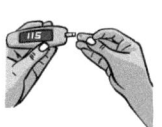
qandli diabet
диабет

jarroh
хирург

jarroh pichog'i
скальпель

jarrohlik amaliyoti
операция

shifoxona - больница

tomografiya
КТ

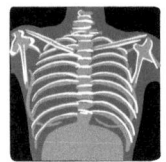
rentgen
рентген

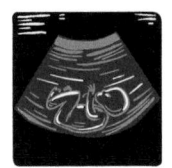
ultratovush tekshiruvi
ультразвук

yuz niqobi
маска

kasallik
болезнь

qabulxona
приёмная

qo'ltiqtayoq
костыль

malhamli plastir
пластырь

bint
бинт

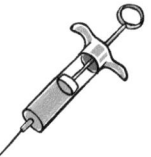
ukol
укол

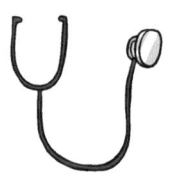
yurak urushini va o'pkani
eshitib ko'radigan asbob
стетоскоп

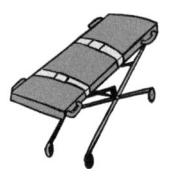
bemorlar uchun zambil
носилки

termometr
термометр

tug'ruq
рождение

semizlik
избыточный вес

shifoxona - больница

eshitish moslamasi

слуховой аппарат

dezinfektsiyalovchi vosita

дезинфекционное средство

infektsiya

инфекция

virus

вирус

OIV / OITS

ВИЧ / СПИД

dori

лекарство

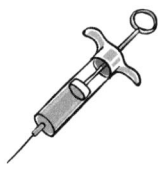

emlash

прививка

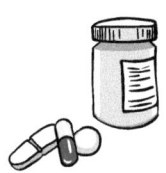

tabletka

таблетки

dori

противозачаточная таблетка

tez yordam qo'ng'irog'i

экстренный вызов

qon bosimini o'lchash asbobi

прибор для измерения кровяного давления

kasal / sog'lom

больной / здоровый

shifoxona - больница

tez yordam
неотложный случай

Yordamga!
Помогите!

xavf-xatar ishorasi
сигнал тревоги

tajovuz
нападение

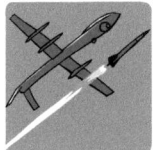
hujum
атака

xavf
опасность

favqulodda holatlarda chiqish eshigi
запасной выход

o't o'chirgich
огнетушитель

falokat
несчастный случай

Yong'in
Пожар!

birinchi tibbiy yordam to'plami
аптечка

falokat signali
SOS

politsiya
милиция

yer
земля

Yevropa

Европа

Shimoliy Amerika

Северная Америка

Janubiy Amerika

Южная Америка

Afrika

Африка

Osiyo

Азия

Avstraliya

Австралия

Anlantika okeani

Атлантический океан

Tinch okeani

Тихий океан

Hind okeani

Индийский океан

Antarktida okeani

Антарктический океан

Arktika okeani

Северный Ледовитый океан

Shimoliy qutb

Северный полюс

Janubiy qutb	Antarktika	yer
Южный полюс	Антарктика	земля
		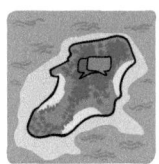
oʻlka	dengiz	orol
суша	море	остров
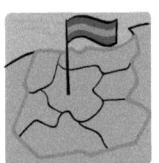	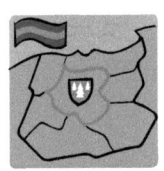	
millat	davlat	
нация	государство	

soat
часы

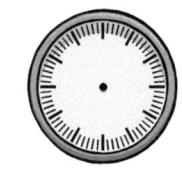

astronomik vaqt ko'rsatgichi

циферблат

soat mili

часовая стрелка

daqiqa mili

минутная стрелка

lahza mili

секундная стрелка

Soat necha?

Который час?

kun

день

vaqt

время

hozir

сейчас

raqamli soat

электронные часы

daqiqa

минута

soat

час

xafta
неделя

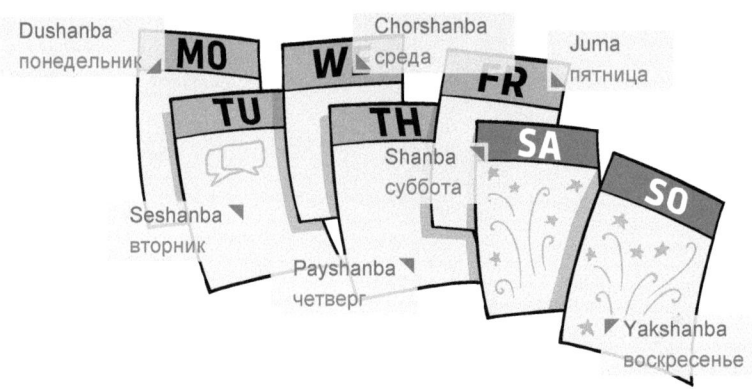

Dushanba — понедельник
Seshanba — вторник
Chorshanba — среда
Payshanba — четверг
Juma — пятница
Shanba — суббота
Yakshanba — воскресенье

kecha

вчера

bugun

сегодня

ertaga

завтра

ertalab

утро

peshin

полдень

kechqurun

вечер

ish kunlari

рабочие дни

dam olish kunlari

выходные

yil
год

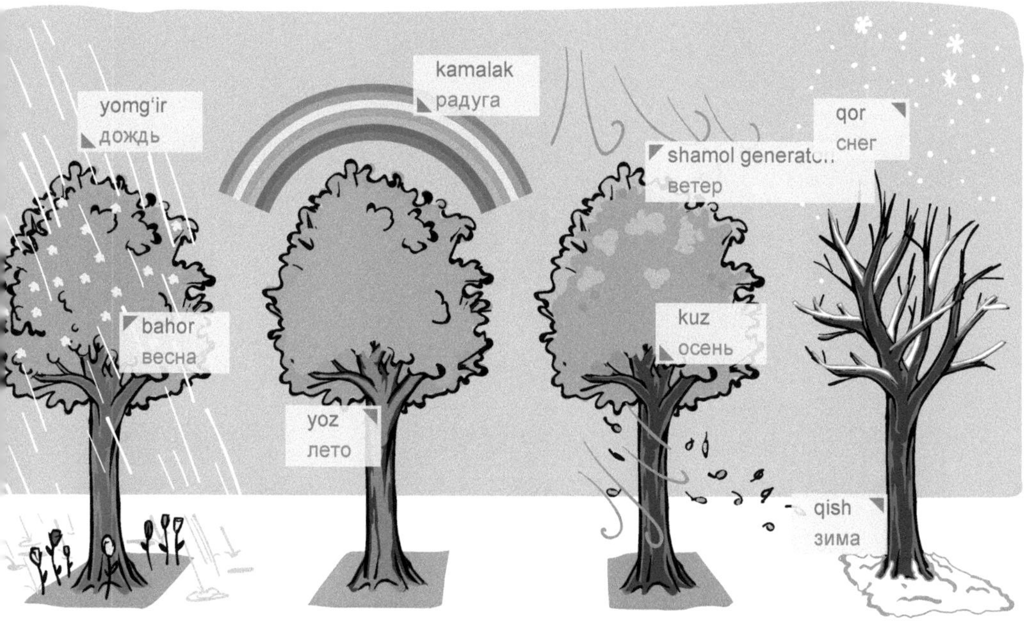

yomg'ir
дождь

kamalak
радуга

qor
снег

shamol generator
ветер

bahor
весна

kuz
осень

yoz
лето

qish
зима

ob-havo ma'lumoti

прогноз погоды

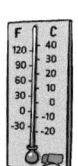

termometr

термометр

quyoshli

солнечный свет

bulut

туча

tuman

туман

namgarchilik

влажность воздуха

chaqmoq
молния

momoqaldiroq
гром

bo'ron
буря

do'l
град

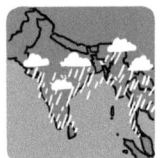
namgarchilik mavsumi
муссон

toshqin
наводнение

muz
лёд

Yanvar
январь

Fevral
февраль

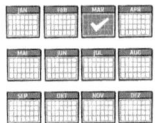
Mart
март

Aprel
апрель

May
май

Iyun
июнь

Iyul
июль

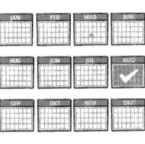
Avgust
август

yil - год

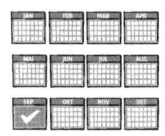
Sentyabr
сентябрь

Oktyabr
октябрь

Noyabr
ноябрь

Dekabr
декабрь

shakllar
формы

aylana
круг

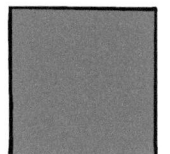
kvadrat
квадрат

toʻrtburchak
прямоугольник

uchburchak
треугольник

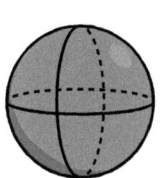
doira
шар

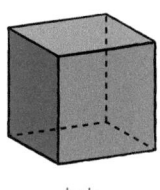
kub
куб

ranglar
цвета

oq
белый

sariq
желтый

sabzi rang
оранжевый

pushti
розовый

qizil
красный

to'q qizil
лиловый

ko'k
синий

yashil
зелёный

jigar rang
коричневый

kul rang
серый

qora
черный

qarama-qarshi ma'noli so'zlar
противоположности

ko'p / oz

много / мало

g'azabli / xotirjam

яростный / мирный

go'zal / xunuk

красивый / уродливый

boshi / oxiri

начало / конец

katta / kichik

большой / маленький

yorug' / qorong'u

светлый / темный

aka / singil

брат / сестра

toza / iflos

чистый / грязный

to'liq / chala

полный / неполный

kun / tun

день / ночь

o'lik / tirik

мёртвый / живой

keng / tor

широкий / узкий

yesa bo'ladigan / yesa bo'lmaydigan

съедобный / несъедобный

yovuz / xayrli

злой / дружелюбный

hayajonli / zerikarli

взволнованный / скучающий

semik / oriq

толстый / худой

birinchi / oxirgi

сначала / в конце

do'st / dushman

друг / враг

to'la / bo'sh

полный / пустой

qattiq / yumshoq

твёрдый / мягкий

og'ir / yengil

тяжёлый / лёгкий

ochlik / chanqov

голод / жажда

kasal / sog'lom

больной / здоровый

noqonuniy / qonuniy

незаконный / законный

ziyoli / kaltafahm

умный / глупый

chap / o'ng

слева / справа

yaqin / uzoq

близко / далеко

yangi / ishlatilgan
новый / подержанный

hech narsa / bir narsa
ничто / нечто

qari / yosh
старый / молодой

yoniq / o'chiq
включено / выключено

ochiq / yopiq
открыто / закрыто

past / baland
тихо / громко

boy / kambag'al
богатый / бедный

to'g'ri / noto'g'ri
правильный / неправильный

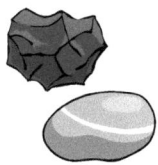
notekis / tekis
шероховатый / гладкий

xafa / xursand
печальный / счастливый

qisqa / uzun
короткий / длинный

sekin / tez
медленный / быстрый

nam / quruq
мокрый / сухой

iliq / salqin
тёплый / прохладный

urush / tinchlik
война / мир

qarama-qarshi ma'noli so'zlar - противоположности

raqamlar
цифры

0 — nol — ноль

1 — bir — один

2 — ikki — два

3 — uch — три

4 — to'rt — четыре

5 — besh — пять

6 — olti — шесть

7 — yetti — семь

8 — sakkiz — восемь

9 — to'qqiz — девять

10 — o'n — десять

11 — o'n bir — одиннадцать

12 o'n ikki — двенадцать

13 o'n uch — тринадцать

14 o'n to'rt — четырнадцать

15 o'n besh — пятнадцать

16 o'n olti — шестнадцать

17 o'n yetti — семнадцать

18 o'n sakkiz — восемнадцать

19 o'n to'qqiz — девятнадцать

20 yigirma — двадцать

100 yuz — сто

1.000 ming — тысяча

1.000.000 million — миллион

raqamlar - цифры

tillar
языки

Ingliz

английский

Amerikacha ingliz tili

американский английский

Xitoy tilining Mandarin lahchasi

мандаринский китайский

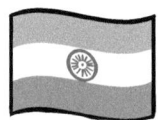

Hind

хинди

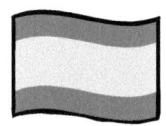

Ispan

испанский

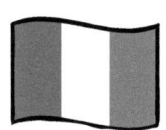

Frantsuz

французский

Arab

арабский

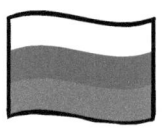

Rus

русский

Portugal

португальский

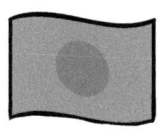

Bengal

бенгальский

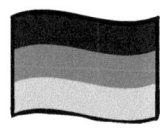

Nemis

немецкий

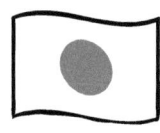

Yapon

японский

kim / nima / qanday
кто / что / как

Men
я

Sen
ты

u / u / u
он / она / оно

biz
мы

sizlar
вы

ular
они

kim?
кто?

nima?
что?

qanday?
как?

qayerda?
где?

qachon?
когда?

ism
имя

qayerda
где

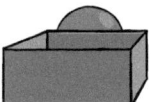

orqada
за

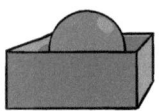

ichida
в

oldida
перед

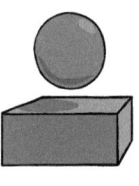

uzra
над

ustida
на

tagida
под

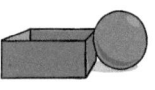

yonida
рядом

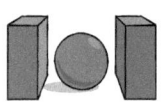

o'rtasida
между

joy
место